Le village de La Phrase

Au village de La Phrase règne un roi nommé *Le Verbe*. Au coeur de son petit royaume, il y a un beau palais royal et un grand parc pour les enfants. Une tour se trouve à chaque extrémité du village, où des gardiens veillent jour et nuit.

À l'entrée du village de La Phrase, *MAJUSCULE* est de garde dans sa tour très haute et bien droite.
À la sortie du village, près de la falaise, *Point d'Exclamation* est à son poste dans la tour de la Ponctuation.

Les Adverbes

Le roi *Le Verbe* se sent bien seul, car il n'a pas d'amis dans son village. Les seuls autres habitants de La Phrase sont ses fous. Mais les fous du roi, qu'on appelle les Adverbes, sont agités et très obstinés. Ils ne cessent de contredire *Le Verbe*. Ils font tout pour MODIFIER ses paroles, en ajoutant INVARIABLEMENT des commentaires.

Aujourd'hui, le roi en a assez de ces moqueries. Il décide de leur en parler :

– Écoutez !

– Très distraitement ! répliquent deux Adverbes en riant et en sautillant devant et derrière *Le Verbe*.

Alors le roi devient rouge de colère :

– Arrêtez de sauter et de répliquer !

Mais un autre fou répond :

– ...sûrement pas !

Finalement, le roi se décourage et leur lance cet ordre :

– Allez jouer et disparaissez !

Trois autres Adverbes répondent joyeusement :

– Certainement, immédiatement, probablement !

Le Verbe n'a pas de chance. Décidément, IL NE S'ENTENDRA JAMAIS AVEC LES ADVERBES puisque ceux-ci n'arrêtent pas de modifier ses ordres.

La MAJUSCULE

Le Verbe se rend alors à l'entrée du village de La Phrase pour demander à *MAJUSCULE* si des visiteurs sont passés.

– Hélas ! non. Au sommet de ma HAUTE tour, je ne vois personne à l'horizon. Je me tiens toujours BIEN DROITE et je vous avertirai dès qu'un visiteur se présentera. Mais personne ne visite La Phrase : ça manque de vie au village.

Point d'Exclamation

Le roi ne s'est jamais senti aussi triste. Il se dirige vers la tour de la Ponctuation pour rejoindre *Point d'Exclamation*, qui monte la garde à l'autre extrémité de La Phrase.

En apercevant les cheveux de *Point d'Exclamation*, le roi éclate de rire : il y a tellement de vent près de la falaise, à la sortie du village, que *Point d'Exclamation* a les cheveux dressés sur la tête ! Ça lui donne une petite allure «punk» du haut de sa tour de la Ponctuation…

— Ah ! *Point d'Exclamation*, ta chevelure me fait rire et ça me fait du bien. Je me sens triste et seul depuis quelque temps.

— C'est normal que vous vous sentiez seul dans La Phrase, dit *Point d'Exclamation*. Mais je ne comprends pas comment il se fait que vous n'ayez pas de Sujet. Tout le monde sait qu'un roi doit toujours avoir au moins un Sujet dans son royaume.

— Il y a mes Adverbes, se défend *Le Verbe*.

— ILS NE SONT JAMAIS D'ACCORD avec ce que vous dites. Ils MODIFIENT toujours vos ordres, c'est INVARIABLE ! Vous auriez vraiment besoin de voir D'AUTRES PERSONNES. Ce que je vous dis là est impératif : Votre Majesté, trouvez-vous vite un Sujet !

— Tu as raison. Il faut que je trouve un Sujet sur lequel régner et AVEC LEQUEL M'ACCORDER, dit *Le Verbe,* bien décidé. Mais où vais-je trouver un Sujet ?

— Je suggère que vous descendiez cette falaise; allez un peu plus bas dans le pays du Texte, recommande *Point d'Exclamation*.

— Mais je vais dévaler de La Phrase !

– Ce n'est rien, cette falaise. Ce n'est qu'un changement de paragraphe. Cette descente vous changera les idées ! Moi aussi, je me sens seul ici. Si vous rencontrez des gens de ma famille, dites-leur qu'ils me manquent beaucoup.

Le roi *Le Verbe* quitte
le village de La Phrase
et se met à parcourir le pays
du Texte à la recherche d'un Sujet.

La Ponctuation

Le Verbe suit sa route le long d'un sentier qui mène à une rivière. Là, il aperçoit une maison. Comme il est fatigué et qu'il a très soif, il frappe à la porte. Il est accueilli par une dame tenant un joli bébé dans les bras.

– Bonjour ! Pourriez-vous donner un peu d'eau à un roi assoiffé ?

– Bien sûr, répond la dame. Entrez, Votre Majesté. *Point d'Interrogation*, viens voir la grande visite qui nous arrive de loin.

– Qu'est-ce que tu dis là, *Point Final* ? A-t-on un visiteur ? Ah ? N'êtes-vous pas le roi de La Phrase où travaille notre cousin *Point d'Exclamation* ? Comment va-t-il ? Est-il toujours le gardien de la tour de la Ponctuation ?

– Oui, et il va bien, dit *Le Verbe*. Mais, comme moi, il se sent très seul.

– Peut-être pourrions-nous lui rendre visite afin de le désennuyer ? demande alors *Point d'Interrogation* au roi *Le Verbe*.

– Notre cousin serait heureux de connaître notre petite fille *Virgule*, ajoute *Point Final*.

– Vous serez les bienvenus, dit *Le Verbe*. Il y a si peu de visiteurs dans mon village. Aimeriez-vous devenir gardiens à la sortie de La Phrase et remplacer *Point d'Exclamation* de temps à autre ? Vous vous installerez dans la tour de la Ponctuation avec votre cousin. Bébé *Virgule*, pour sa part, pourra jouer partout dans La Phrase.

Le Verbe est content d'avoir trouvé une jeune famille pour tenir compagnie à son gardien. Mais le plus important reste à faire : il boit son eau en une gorgée et repart à la recherche d'un Sujet.

Les Prépositions

Chemin faisant, il rencontre une famille très occupée qui se prépare à présenter des Compléments.

— Bonjour ! Je suis le roi *Le Verbe*. Je cherche un Sujet pour mon royaume. L'un d'entre vous voudrait-il venir y habiter ? J'ai un joli parc où peuvent s'amuser les enfants.

— Nous sommes des gens bien trop occupés pour aller jouer dans votre parc, répond la famille des Prépositions. Notre travail consiste exclusivement à présenter des Compléments et nous y consacrons tout notre temps.

— Des Compléments ? Qu'est-ce que c'est ? demande *Le Verbe*.

— LES COMPLÉMENTS SERVENT À COMPLÉTER.

— À compléter quoi ? demande-t-il encore.

— À COMPLÉTER UN NOM, UN ADJECTIF OU UN VERBE, pour les rendre plus complets, dit papa Préposition. Les Compléments sont très amusants. Ils nous donnent des détails, ils racontent TOUTES SORTES DE CIRCONSTANCES. Les Compléments apportent de la vie dans un village. Nos enfants les adorent. Voilà pourquoi nous travaillons si fort, pour que puisse avoir lieu la présentation des Compléments.

– Connaissez-vous des Compléments qui pourraient me distraire en donnant des représentations dans La Phrase ?

– Bien sûr, répond maman Préposition. J'en connais qui sont très DIRECTS, mais la plupart des Compléments ont besoin d'être PRÉSENTÉS PAR LES PRÉPOSITIONS. Si vous en rencontrez qui acceptent d'aller dans votre village, repassez par ici afin d'amener quelques Prépositions avec vous. Nos enfants se feront un plaisir de les accompagner et de faire les présentations.

– Où trouverai-je ces Compléments ? demande *Le Verbe*.

– Continuez jusqu'au grand sapin vert, vous verrez alors la grande famille des Noms. Ce sont les spécialistes des représentations divertissantes. Il y a des jongleurs, des acrobates, des clowns, des fées, des magiciens, des dompteurs d'animaux... Parmi ces Noms, vous en trouverez sûrement qui accepteront d'être des Compléments. Et je suis sûre que vous trouverez également un Nom qui voudra devenir votre Sujet.

– Merci pour tous ces renseignements, dit le roi. À bientôt !

Les Noms et les Pronoms

Quand *Le Verbe* atteint le grand sapin vert, quelle surprise !
On se croirait au cirque. Tous les Noms sont là... et ils sont
très nombreux. Certains font des pirouettes, d'autres des
tours de magie, d'autres marchent sur les mains...

– Quelle animation ! s'écrie *Le Verbe*. Je ne me sens déjà
plus seul, dit-il en s'approchant des Noms. Bonjour ! Je suis
le roi *Le Verbe* et je cherche un Sujet sur lequel régner dans
La Phrase. L'un de vous serait-il intéressé à venir vivre
dans mon village ?

Un grand silence envahit la place. Le roi attend patiemment, mais personne ne répond. Puis, tout à coup, un jeune Nom s'avance vers lui et dit :

— Moi, j'aimerais bien y aller, pour jouer dans votre grand parc. Mais tout le monde affirme que VOUS NE VOUS ACCORDEZ PAS AVEC LES ADVERBES. Vous donnez sans cesse des ordres.

— Je sais, dit *Le Verbe*. J'ai été très égoïste en voulant tout diriger dans mon royaume et je me suis aperçu que j'étais bien seul. Si l'un de vous veut devenir mon Sujet, je cesserai de parler sur un ton IMPÉRATIF. Mon Sujet sera pour moi un ami AVEC LEQUEL JE M'ACCORDERAI. Je cherche un Sujet plein de vie, quelqu'un qui sera capable de FAIRE LES ACTIONS QUE J'EXPRIMERAI. QUI veut devenir mon Sujet ? QUI EST-CE QUI le désire ?

Alors les Noms, d'une seule voix, s'exclament :

— Moi, moi, moi, je veux être votre Sujet.

— Un moment, dit *Le Verbe*. Je n'ai besoin que d'un Sujet à la fois.

Son regard s'arrête sur un Nom Commun.

— Toi, crois-tu pouvoir être mon Sujet et faire ce que je te dirai ? lui demande *Le Verbe*.

– Je le crois. Et quand je serai fatigué, je me ferai remplacer par mon ami le Pronom. Il peut TOUT FAIRE À MA PLACE. Ça lui fera plaisir de ME REMPLACER et de devenir votre Sujet de temps en temps. Il n'est pas très grand, mais VOUS VOUS ACCORDEREZ TRÈS BIEN AVEC LUI SI VOUS RESPECTEZ SA PETITE PERSONNE. Et pourquoi ne pas changer de Sujet chaque jour ?

– Oui ! s'écrient tous les autres Noms. Nous aussi, nous voulons aller dans votre royaume.

– Venez tous, alors. Mais certains d'entre vous viendront pour COMPLÉTER LA PHRASE. Ils seront mes COMPLÉMENTS.

Les Déterminants

Avant qu'ils ne se mettent tous en route, une jeune fille s'approche du roi et lui demande :

– Est-ce que je peux amener mon chien Déterminant ?

– Quel drôle de nom pour un chien : Déterminant ! Pourquoi s'appelle-t-il ainsi ? demande le roi.

– Parce que les chiens adorent déterrer les os qu'ils cachent sous la terre. Ils déterrent, alors ce sont des Déterminants.

– Tu sais, dit *Le Verbe,* je ne suis pas habitué aux animaux…

– Mais nous ne pouvons pas nous séparer de notre chien ! IL NOUS PRÉCÈDE PRESQUE PARTOUT. C'est très commun pour les Noms d'avoir un chien Déterminant. LES NOMS COMMUNS SONT TRÈS SOUVENT ACCOMPAGNÉS D'UN DÉTERMINANT. Le chien Déterminant, c'est le meilleur ami du Nom. LES DÉTERMINANTS S'ACCORDENT SI BIEN AVEC LES NOMS !

– C'est très bien, dit *Le Verbe,* vous pouvez tous amener votre Déterminant avec vous. Eh ! toi là-bas, tu n'as pas de petit chien comme les autres ?

Ecole Jean Leman
4 ave Champagne
Candiac, Qué.
J5R 4W3

Les Noms Propres

– Non, Votre Majesté. Moi, je ne suis pas un Nom Commun : je suis un Nom Propre. Et je trouve que les chiens salissent tout avec leurs grosses pattes pleines de terre, alors il n'est pas question pour moi d'avoir un Déterminant.

– Eh bien ! soupire *Le Verbe,* j'en aurai vu de toutes les sortes aujourd'hui : des Noms Communs, des Noms Propres, des Pronoms, des Déterminants... Oh ! j'allais oublier d'arrêter chez la famille des Prépositions, pour qu'elle vienne présenter mes Compléments. Allons-y !

Les Adjectifs

En se dirigeant vers les Prépositions, *Le Verbe* et tout son petit monde croisent un groupe d'enfants : ce sont les Adjectifs. Les Noms courent vers eux pour leur raconter qu'ils vont aller vivre au village de La Phrase.

– Merveilleux ! Formidable ! Fantastique ! Que vous êtes chanceux et chanceuses ! disent tous les Adjectifs.

– Votre Majesté *Le Verbe,* voici nos amis les Adjectifs, dit un des Noms. Ils sont très gentils : LES ADJECTIFS S'ACCORDENT PRESQUE TOUJOURS AVEC LES NOMS. Ils mettent beaucoup de couleur dans notre vie. Ils nous complimentent continuellement, ils nous parlent de nos QUALITÉS et, parfois, de nos DÉFAUTS. Pourraient-ils venir avec nous dans La Phrase? On ne peut pas les laisser seuls ici…

– Vos amis sont les bienvenus dans mon royaume.

– Merci, Votre Majesté ! s'exclament les Adjectifs. Nous continuerons à BIEN NOUS ACCORDER AVEC LES NOMS.

Sujet et Compléments dans La Phrase

Et voilà *Le Verbe* de retour au village de La Phrase, accompagné de tous ses nouveaux habitants. Maintenant, le village déborde de vie avec les Noms Communs et leurs Déterminants, les Noms Propres, les Pronoms, les Adjectifs, les Prépositions et les Adverbes.

Le roi est heureux, car il ne se sent plus seul. Il a trouvé UN SUJET AVEC LEQUEL S'ACCORDER.

Comme le Sujet n'est pas le même d'une journée à l'autre, *Le Verbe* demande chaque matin en se levant :

– QUI EST-CE QUI sera mon Sujet aujourd'hui ? QUI ?

Parfois c'est un Nom Propre qui joue le rôle du Sujet, parfois c'est un Pronom, parfois c'est un Nom Commun avec son inséparable chien Déterminant et quelques amis Adjectifs.

Et chaque soir, les Noms-Compléments, présentés par des Prépositions, donnent des représentations pour bien finir la journée.

Depuis ce temps, le roi est heureux. Il s'est même marié. Connais-tu la bonne nouvelle ? Récemment, *Le Verbe* est devenu papa. Il a eu un bébé, une jolie fillette aux cheveux bruns. Il y a désormais une princesse au village de La Phrase.

Le Verbe a demandé à son Complément le plus proche de devenir sa marraine. Déjà, tous les Noms ont pris la princesse en affection. Ils s'amusent avec elle comme ils le font avec leurs amis les Adjectifs. Ils s'accordent bien ensemble.

Mais parfois la princesse a mauvais caractère : ELLE NE S'ACCORDE PAS avec tous les habitants de La Phrase.

Cette princesse, issue du *Verbe,* s'appelle… *Participe Passé.* Tu pourras suivre ses aventures dans d'autres contes.

Connais-tu bien maintenant les habitants du village de La Phrase ?

☆ Qui se tient toujours bien droite au sommet de la haute tour à l'entrée de La Phrase ?

☆ Quel est le nom de la tour à la sortie de La Phrase, dans laquelle habite le gardien *Point d'Exclamation* ?

☆ Est-ce que les Adverbes s'accordent avec *Le Verbe* ? Que font-ils alors devant ou derrière lui dans La Phrase ?

☆ Pourquoi *Le Verbe* décide-t-il de parcourir le pays du Texte ?

☆ Comment se nomment les trois membres de la famille qui rejoindra le cousin *Point d'Exclamation* dans la tour de la Ponctuation ?

☆ Comment se nomme la famille dont le travail consiste exclusivement à présenter les Compléments ?

☆ À quoi servent les Compléments ?

☆ Qui deviendra le Sujet du roi *Le Verbe* ?

☆ *Le Verbe* s'accordera-t-il avec son Sujet ?

☆ Qui peut remplacer un Nom ?

☆ Comment se nomment les petits chiens qui accompagnent les Noms Communs ? Rappelle-toi, ils déterrent toujours des os…

☆ Comment se nomment les Noms qui n'aiment pas beaucoup les chiens Déterminants ?

☆ Comment se nomment les petits amis des Noms qui leur parlent toujours de leurs qualités ou de leurs défauts ?

☆ Est-ce que les Adjectifs s'accordent bien avec les Noms ?

☆ Quelle est la question que pose *Le Verbe* chaque matin lorsqu'il veut se choisir un Sujet ?

☆ Comment se nomme la fille du roi *Le Verbe* ?

Une phrase commence par une majuscule (bien haute et droite) et se termine par un point. Indiquez à l'enfant la ponctuation des phrases.

☆ ☆ ☆

Les adverbes servent à modifier le verbe, mais ils ne s'accordent jamais. Remarquez le langage utilisé par les Adverbes dans le conte.

Ex. : **Hier**, **ici**, *nous avons* **joyeusement** *chanté* **ensemble**.

☆ ☆ ☆

Les prépositions (*à, avec, chez, contre, dans, de, durant, en, par, parmi, pour, selon, sous, sur…*) servent à présenter des compléments. Les compléments complètent souvent un nom, un verbe ou un adjectif.

J'aime le <u>chat</u> **de** *Jocelyn. Véronique* <u>parle</u> **à** *sa mère.*

<u>*Heureuse*</u> **de** *son cadeau, Marielle remercie ses parents.*

Dans *la cuisine, j'ai vu* **sur** *la table un lapin* **en** *chocolat.*

☆ ☆ ☆

Le déterminant (*le, la, les, un, une, des, mon, ma, mes, ton, ta, tes, son, sa, ses, notre, nos, votre, vos, leur, leurs, ce, cet, cette, ces, tout, toute, toutes, tous, plusieurs, chaque, aucun…*) s'accorde avec le nom qu'il accompagne. Les adjectifs qui servent à qualifier un nom s'accordent également avec celui-ci.

Tous les <u>**lapins**</u> **blancs** *sont avec* **leur** <u>**mère**</u>.

Ces jolis <u>**oiseaux**</u> *sautillent sur* **leurs petites** <u>**pattes**</u> **fragiles**.

Tout le <u>**monde**</u> *chante* **ma** <u>**chanson**</u> **préférée**.

☆ ☆ ☆

Pour trouver le sujet d'un verbe, on pose la question QUI EST-CE QUI ? (ou QU'EST-CE QUI ?) devant le verbe.

Chantal <u>*chante*</u> *souvent.* QUI EST-CE QUI chante souvent ?

Cet arbre <u>*perd*</u> *ses feuilles.* QU'EST-CE QUI perd ses feuilles ?